AF336235

OK
146

VOYAGES
ET CAMPAGNES

DANS

LES MERS DE L'INDE

ET

A L'OCÉAN PACIFIQUE,

A BORD DES FRÉGATES

LA CANONNIÈRE, LA CAROLINE, LA VÉNUS, LA NÉRÉIDE,

Depuis 1805 jusqu'en 1811, enrichis de Cartes et de Notices géographiques; par le Chevalier de la TROUPLINIÈRE, ex-Enseigne de vaisseau entretenu, embarqué sur lesdites Frégates.

—————

Au moment où tant d'écrivains distingués consacrent leur plume et leurs talens à soutenir des controverses politiques, les amis des sciences ne verront pas sans quelque intérêt un, ex-officier de la marine française s'efforcer d'atteindre un but utile à leurs progrès.

C'est dans cette vue que nous annonçons l'ouvrage dont nous allons donner l'analyse.

La plupart des événemens qui se sont passés dans ces mers lointaines, où toujours le pavillon national sut faire respecter le nom français, sont inconnus de la plus grande partie de nos com-

patriotes. Lorsqu'au sein de la victoire, nos guer-
riers parcouraient l'Europe en conquérans célè-
bres, une poignée de marins, au centre des mers
de l'Asie comme au sein des mers du Sud, sou-
tenaient l'antique gloire du pavillon français. Ce
sont ces faits glorieux qui, classés avec ordre,
viennent ajouter un nouvel intérêt à la lecture
du voyage que nous annonçons.

Écrit sur un nouveau plan, l'ouvrage de M. le
chevalier de la Trouplinière contiendra les détails exacts des principaux événemens survenus
à bord des frégates, tant sous le rapport mili-
taire que sous le rapport nautique. La description
des côtes qui ont été relevées et des lieux de relâche, les observations sur l'état politique, la
population, les productions, et le commerce des
pays où les frégates ont touché. Chaque officier
à bord des bâtimens de l'état étant obligé de te-
nir un journal nautique, dans lequel il relate avec
la route du vaisseau, les observations astronomi-
ques, les manœuvres, les principaux événemens
qui se passent à bord, et étant obligé de le faire
viser à la fin de chaque mois par le capitaine,
on peut considérer comme officiels les détails
qui font la base de cet ouvrage, puisqu'ils sont
tirés des journaux de l'auteur, qui ne laissent
rien à désirer par la régularité avec laquelle ils
ont été tenus.

De nombreux documens recueillis sur les lieux,
contribuent encore à le rendre doublement ins-

tructif, et on verra par la manière dont sont trai-
tées les observations, par l'utilité des recherches
et la profondeur des réflexions, que, quoique
bien jeune encore, M. de la Trouplinière était
mûri par l'expérience, et servait son pays avec
un zèle ardent.

Cet ouvrage sera enrichi d'un très-grand nombre de gravures et de cartes, parmi lesquelles il
en est plusieurs qui n'ont jamais été gravées,
et qui ne laisseront rien à désirer sous le rapport de l'exactitude, puisqu'elles ont été dessi-
nées sur les lieux par l'auteur.

M. le chevalier de la Trouplinière n'a rien
négligé pour ôter au style cette aridité mono-
tone qu'on ne retrouve que trop souvent dans
le narré des voyages maritimes, sans cependant
nuire aux détails nautiques qui font partie obli-
gée de ces sortes d'ouvrages. Rien ne semble plus
propre à donner une juste idée de celui dont nous
offrons le prospectus au public, que le tableau
des chapitres qui forment son ensemble.

L'auteur a pris le sage parti d'éviter dans le
sommaire des chapitres, ces détails éternels sur
la latitude, la longitude, les observations astro-
nomiques, la variation du compas, la direction
des courans, etc., etc.; ils se retrouvent dans le
corps de l'ouvrage, de manière à ne laisser rien
à désirer aux savans qui le liront, et à ne point
fatiguer l'attention de ceux des lecteurs qui,
étant étrangers à la marine, ne voudront y lire

que les détails brillans de beaux faits d'armes, ou les descriptions intéressantes de pays peu connus jusqu'à ce jour.

TITRE I.er

grand mât de hune et notre bas-mât, fait plusieurs autres avaries, et blesse 7 hommes. Nous nous réparons de nouveau, et au moment où nous étions prêts à appareiller, le galion de la Compagnie des Indes espagnoles, qui était parti pour *Acapulco,* 5 mois auparavant, relâche, coulant bas d'eau.

CHAP. XI. Le gouverneur de Manille prie le commandant Bourayne de ne pas aller en croisière, et d'attendre que le galion soit réparé, pour le convoyer jusqu'à Acapulco, et y prendre nous-mêmes un chargement de piastres pour le rapporter à Manille. Le commandant se rend aux désirs du gouverneur ; le galion réparé et rechargé, nous appareillons avec lui, et faisons voile pour Acapulco ; *la Sancta-Gertrudis, frégate* de la Compagnie des Philippines, se joint aussi à nous pour la même destination.

CHAP. XII. Description des différentes îles que nous rencontrons ; le galion manœuvrant fort mal et nous faisant perdre un temps précieux, quand il est dans des parages où il n'y a plus à craindre de rencontrer les croiseurs anglais, le commandant de la Canonnière lui signifie de continuer sa route seul, ainsi qu'à la Sta-Gertrudis ; nous continuons aussi la nôtre.

CHAP. XIII. Arrivée à Acapulco ; description de cette colonie et de ses environs ; amélioration et prospérité dont elle sera susceptible

Chap. XVII. Nos vivres étant épuisés, nous allons chercher quelques rafraîchissemens à *Pulo-Nias*. Nous capturons en route un bâtiment que nous expédions pour l'Ile de France, commandé par M. *Ménager*. Relâche à Pulo-Nias. Description de cette île. Nous retournons en croisière, et après neuf mois d'une navigation aussi malheureuse que fatigante, nous faisons route pour l'Ile-de-France, et y arrivons après vingt-sept mois d'absence. A notre arrivée, nous apprenons la prise de la frégate la *Piémontaise*, par une frégate anglaise, après deux jours de combat; la Piémontaise était commandée par M. *Epron*. Nous apprenons aussi l'arrivée de deux frégates françaises, la *Manche* et la *Caroline*, l'une commandée par M. *Dornaldeguy*, capitaine de vaisseau et ex-aide-de-camp du ministre de la marine; l'autre par M. *Billard*, aussi capitaine de vaisseau.

Chap. XVIII. Nous nous disposons, après six semaines de relâche, à retourner en croisière. Une frégate anglaise (le *Laurel*) vient ravager le commerce de la côte, et capture plusieurs de nos prises qui entraient dans le port. Le général Decaen nous donne ordre d'appareiller pour combattre cette frégate; nous la joignons près de l'îlot le *Coin-de-Mire*, à dix heures du soir, et après quatre heures et demie d'un combat opiniâtre, elle amène son pavillon Le sur-

lendemain nous rentrons dans le port N. O. en
la tenant à la remorque. Elle était commandée
par M. le capitaine *Wolcomb*.

TITRE II.

Chap. XIX. Une légère blessure que j'avais re-
çue dans cette affaire, jointe aux fatigues de ma
dernière campagne, me font tomber malade,
et j'entre à l'hôpital. Pendant ma maladie, la
frégate la *Canonnière* retourne en croisière. La
frégate la *Caroline* arrive à l'Ile-de-France;
j'embarque à son bord. Note sur cette frégate.
Note biographique sur M. Billard, qui la com-
mandait alors, et sur le lieutenant de vaisseau
Feretier, qui le remplaça.

Chap. X. Départ de l'Ile-de-France avec la
corvette le *Créole*. Nous nous dirigeons d'a-
bord sur l'Ile-Bourbon pour y laisser des dé-
pêches. De là nous faisons voile pour *Mada-
gascar*. Relâche à *Tamatave*, à *Foulpointe* et
à *Sainte-Marie*. Description de ces comptoirs
De la facilité avec laquelle le gouvernement
français pourrait y fonder un établissement
avantageux, et de l'utilité que notre commerce
dans l'Inde pourrait en retirer.

Chap. XXI. Nous appareillons de Sainte-Marie
pour aller en croisière, et la corvette le *Créole*
pour retourner à l'Ile-de-France. Nous nous
dirigeons vers le golfe du Bengale, dans lequel nous croisons long-temps infructueuse-
ment. Notre eau épuisée, nous allons en faire

à *Carnicobar*. En y allant nous capturons un brick anglais que nous expédions pour le port N. O., sous le commandement de M. *Marbaisse*.

CHAP. XXII. Relâche à *Carnicobar*. Description de cette île. Pendant que nous y faisions de l'eau, nous apercevons, chassons et amarinons un trois-mâts américain, que nous expédions encore pour l'Ile-de-France, sous le commandement de MM. *Vieillard* et *Le Bail*.

CHAP. XXIII. Nous retournons croiser dans le golfe du Bengal, et rencontrons trois gros vaisseaux de la compagnie des Indes, que nous attaquons, et après un combat meurtrier de plus de trois heures, nous en amarinons deux.

CHAQ. XXIV. Les prises sont dirigées sur l'Ile-de-France. Une escadre anglaise bloquant les deux ports, nous sommes forcés d'aller à Saint-Paul, Ile Bourbon. Nous y mouillons en présence d'une frégate et d'une corvette anglaises qui prirent chasse.

CHAP. XXV. Relâche à Saint-Paul ; nous y déchargeons nos prises. Une escadre anglaise, composée d'un vaisseau de 74, quatre frégates et deux corvettes, vient croiser devant la rade, surprend la terre par un débarquement de nuit, entre ensuite dans la baie et nous attaque. Après un combat de près de cinq heures, la frégate la *Caroline* prise entre deux

Chap. XXIX. Le général Decaen donne ordre au commandant Hamelin d'appareiller avec les frégates la *Manche* et l'*Astrée* sous ses ordres, et d'aller chercher et combattre la croisière anglaise. Nous appareillons et chassons une frégate jusque dans la rade de Saint-Paul, Ile-Bourbon. Après avoir cherché inutilement les autres frégates, nous revenons à l'Ile-de-France. A l'atterrissage, nous apprenons le retour du commandant Duperré, et son entrée au port S. E. (ou grand port), avec deux vaisseaux de la Compagnie des Indes, qu'il avait capturés pendant sa croisière. Il est attaqué par des forces supérieures; le général Decaen nous donne ordre d'aller à son secours.

Chap. XXX. Combat de la division aux ordres du capitaine Duperré, contre quatre frégates anglaises, dont deux amènent leur pavillon et deux se font sauter. Reddition de l'île *la Passe*, qui avait été surprise la nuit par les Anglais, et sur laquelle ils avaient débarqué une forte garnison.

Chap. XXXI. La division aux ordres du commandant Hamelin retourne au port N. O. Quelque jours après, je reçois l'ordre de me rendre avec un détachement au grand port, à la disposition du commandant Duperré. J'embarque avec 3o hommes de ce détachement, sur la frégate la *Néréide* (l'une des prises), commandée par M. *Rabaudy*.

Chap. XXXII. Les frégates l'*Iphigénie* (prise), commandée par M. *Bouvet*, et l'*Astrée*, par M. *Le Maran*, appareillent et chassent une frégate anglaise (l'*Africaine*), qui était venue reconnaître le port. Ils la joignent, l'attaquent, et dans un combat de nuit des plus sanglans, s'en rendent maîtres. M. *Corbet*, capitaine de cette frégate, fut tué.

Chap. XXXIII. La division aux ordres du commandant Duperré se prépare à quitter le port S. E. pour se rendre au port N. O. Pendant ce temps, la frégate la *Vénus*, commandée par M. Hamelin, ayant aperçu une frégate anglaise (le *Ceylan*) passer devant le port, le général Decaen lui donne l'ordre de la chasser; il appareille, la joint près de l'île Bourbon, et la prend après un combat meurtrier qui dura près de cinq heures. Le général *Abercrombie* était à bord de cette frégate.

Chap. XXXIV. La frégate la *Vénus*, qui avait été démâtée dans ce combat, travaillait à se réparer, après avoir extrait de sa prise les prisonniers, et donné ordre à la corvette le *Victor*, qui venait de la joindre, de prendre la frégate anglaise à la remorque. Peu de temps après, on aperçut trois bâtimens anglais, qui ayant été attirés par le bruit du canon, se dirigeaient sur la Vénus. Le capitaine Hamelin ne pouvant, dans l'état où il se trouvait, espérer d'échapper à des forces aussi supérieures, donne ordre à la corvette de l'abandonner. Dans cette situation, il est attaqué par une frégate, un vaisseau de la Compagnie armé en guerre, et une corvette du premier rang. Dans ce nouveau combat, il se couvrit encore de gloire ; mais après une résistance de deux heures, voulant conserver à la France le reste des braves qui combattaient sous ses ordres, et qui, dans cette circonstance, mouraient sans utilité pour l'état, il fit amener son pavillon.

CHAP. XXXV. La division aux ordres du commandant Duperré, appareille et se rend au port N. O. Le général Decaen ayant la certitude que les Anglais devaient attaquer l'Ile-de-France, prend toutes les précautions pour leur opposer la résistance la plus opiniâtre.

TITRE IV.

CHAP. XXXVI. On forme un bataillon de marins ; j'en fais partie. Cent-huit voiles sont signalées. Les Anglais, avec soixante péniches, effectuent un débarquement au *Mapou* ; ma compagnie est commandée de grand'garde, et va bivouaquer *au Pont du Tombeau.*

CHAP. XXXVII. Le général Decaen, accompagné de quelques guides et de deux aides-de-camp, marche à notre tête, et va attaquer les Anglais qui étaient au *Moulin à Poudre.* Après avoir culbuté leurs avant-postes, accablés par le nombre, nous sommes forcés de nous reployer. Le général fut légèrement blessé à la jambe dans cet engagement. Combat au Pont du Tombeau. Nous sommes forcés, après une perte considérable, de nous reployer sur le port N. O., et de rentrer dans les retranche-mens. Dans cet engagement, le général *Van-dermasen* est blessé. Les Anglais, avec près de 20,000 hommes, viennent camper devant les retranchemens.

TITRE V.

On voit, d'après cet exposé, quel est le plan de l'ouvrage. Le chevalier de la Trouplinière ne

rapporte que ce qu'il a vu, il le fait sans pré-
tentions; son style clair et précis est celui d'un
marin ami de la gloire de son pays : fidèle au
pavillon français, c'est avec un saint enthousiasme qu'il le voit triompher à trois mille lieues
de sa patrie, dont l'amour l'inspire souvent en
exaltant ses idées; il le voit flotter avec orgueil
sur des mers inconnues, et rappeler le souvenir
de la France au sein des rades d'Acapulco et de
Manille.

Nous espérons que tout savant lira cet ouvrage avec le plus vif intérêt, et que tout
Français le lira avec enthousiasme. Il formera
trois volumes in-8.º d'environ 450 pages chacun,
bien imprimés sur beau papier, et accompagnés
de quinze gravures, plans et cartes.

Prix pour les personnes qui s'inscriront d'a-
vance. . . . . 24 f.

Aussitôt la mise en vente l'ouvrage sera porté
à. . . . . 27 f.

On souscrit chez Delaunay, libraire, au Palais-
Royal, et chez Bachelier, libraire pour la marine,
quai des Augustins.

Et pour la province,

A Brest, chez Fournier, Neveu, Desperriers; — Au
Havre, chez Chapelle; — A Bordeaux, chez Lavalle; — A
Toulon, chez   A Cherbourg, chez
A Nantes, chez   A Rochefort, chez
A Marseille, chez   A Saint-Malo, chez

IMPRIMERIE DE P. DUPONT.

www.ingramcontent.com/pod-product-compliance
Lightning Source LLC
LaVergne TN
LVHW010128060726
842524LV00005B/1793